KEDA BLACK
FOTOS VON REBECCA GENET

SUPER EINFACH

KOCHEN MIT 5 - 6 ZUTATEN

FLEXITARISCHE KÜCHE

Librero

Inhalt

BEILAGEN UND SAUCEN

Warum weniger Fleisch?

Wenn Sie dieses Buch lesen, haben Sie sich wahrscheinlich schon mit dem Gedanken beschäftigt, weniger Fleisch zu essen. Viele von uns haben bereits verstanden, dass unser Fleischkonsum nicht auf einem derart hohen Niveau bleiben kann, weil dies aus ökologischer Sicht unhaltbar ist. Und aus der Ernährungswissenschaft wissen wir, dass wir nicht jeden Tag tierische Eiweiße brauchen. In diesem Buch werden zwei Möglichkeiten beschrieben:

Den Verbrauch reduzieren

Langsam umsteigen

Natürlich können Sie entscheiden, sofort Vegetarier oder sogar Veganer zu werden. Sie können aber auch einfach damit beginnen, Ihren Fleischkonsum zu reduzieren. Wenn Sie gerne Fleisch essen oder für eine Familie kochen, wird es einfacher sein, nicht sofort ganz auf Fleisch zu verzichten.

Auf Qualität achten

Es ist wichtig, Fleisch zu verarbeiten, das unter fairen Bedingungen in kleinen Betrieben produziert wird … und das hat seinen Preis! Umso mehr ein Grund, Fleisch zu einem besonderen Gericht zu machen, das mit Bedacht gegessen wird.

Was Sie in der Küche tun können

Das erste Kapitel dieses Buchs präsentiert Klassiker mit Fleisch (Lasagne, kleine Aufläufe, Burger usw.), aber in sehr viel kleineren Mengen als üblich. Wir verwenden lediglich 50 g pro Person – ohne auf den Geschmack zu verzichten! Eine Möglichkeit, Gewohnheiten langsam zu ändern...

Andere Eiweißquellen nutzen

Fisch

Ziel dieses Buches ist es auch, durch die Vielfalt der Rezepte eine Möglichkeit zu bieten, ein Gleichgewicht zu schaffen. Fisch ist ein wichtiger nahrhafter und schmackhafter Bestandteil einer abwechslungsreichen Ernährung.

Gemüse und Getreide

Das letzte Kapitel ist vegetarischen Rezepten gewidmet. Hier werden Hülsenfrüchte verarbeitet, Vollkorn und ein wenig Soja. Einfache und schmackhafte Rezepte, nach denen Sie mühelos vegetarische Gerichte für den Familientisch zubereiten können.

Dieses Buch soll Ihnen helfen, leckere Gerichte zu kochen, bei denen Fleisch nicht im Mittelpunkt steht. Die Zutatenlisten sind kurz (maximal 6) – aber lassen Sie Ihrer Kreativität ruhig freien Lauf!

Überbackene Pastete mit gemischtem Gemüse

In 15 Minuten vorbereitet

30 Minuten Ruhezeit
40 Minuten Kochzeit

Für 4 Personen

Pastetenteig
× 2 Rollen

Hühnerschenkel, gekocht
150 g in Streifen

Karotten
× 4

Lauch
× 4 Stangen

grüner Spargel
× 1 Bund

Erbsen
200 g

- Den Spargel schälen. Die Schalen mit dem in Stücke geschnittenen Lauch und den Karotten in Wasser geben. Abschmecken und 30 Minuten köcheln lassen.
- Absieben, die Schalen wegschmeißen.
- Die Erbsen und den Spargel 5 Minuten in der Brühe kochen. Über das Hühnerfleisch gießen, zudecken und abkühlen lassen.
- Den Ofen auf 180 °C vorheizen. Eine Teigplatte in einer Kuchenform ausrollen. Das Gemüse und das Hähnchen darauflegen. Mit Teig abdecken und 40 Minuten in den Ofen geben.

Fast veggie

Gemischte Samosas

2

In 20 Minuten vorbereitet

50 Minuten Kochzeit

Für 4 Personen

Pastetenteig
× 1 Rolle

Kürbis nach Wahl
400 g

Hühnerschenkel,
gekocht
100 g

Spinat
200 g

Olivenöl
2 Esslöffel

gelbe Currypaste
1 Esslöffel

- Den Ofen auf 190 °C vorheizen. Den Kürbis in Streifen schneiden, auf ein Blech geben, mit einem Esslöffel Öl bestreichen, salzen und pfeffern. 25 Minuten rösten. Den Spinat in der Pfanne 5 Minuten mit dem restlichen Öl anbraten. Würzen.
- Das Hühnerfleisch hacken, mit dem Curry und dann mit dem Gemüse vermischen.
- Den Teig in 8 Streifen schneiden. Einen Esslöffel der Füllung auf jeden Streifen geben und zu einem Dreieck falten.
- Auf ein Backblech legen und 20 Minuten backen.

Entenröllchen

In 20 Minuten vorbereitet

Ohne Kochen

Für 4 Personen

geräucherte Entenbrust
in Scheiben
90 g

reife Mango
× 1

Minze
× 6 Stiele

Reisblätter
× 20

Sojasauce
150 ml

Limetten
× 2

- Die Mango schälen und in Streifen schneiden. Die Minze zupfen.
- Ein Reispapier in einem Behälter mit warmem Wasser einweichen und dann auf ein feuchtes Tuch legen.
- Einen Streifen Mango, einen Streifen Entenbrust und ein Blatt Minze darauflegen, leicht mit Zitrone beträufeln und zusammenrollen. Dies mit allen Blättern wiederholen.
- Die Röllchen mit Sojasauce und Zitronensaft servieren.

Rindfleischfrikadellen

In 15 Minuten vorbereitet

20 Minuten Kochzeit

Für 4 Personen

gekochtes Rindfleisch
200 g

Karotten
× 4

Paniermehl
75 g

Ei
× 1

Petersilie
× 10 Stiele

Sonnenblumenöl
2 Esslöffel

- Die in Scheiben geschnittenen Karotten in Wasser kochen. Das Fleisch, die gekochten Karotten und die Petersilie hacken.
- Mit dem Ei und 25 g Paniermehl mischen, würzen.
- Frikadellen formen und im restlichen Paniermehl wälzen.
- Mit dem Öl in einer heißen Pfanne 10 Minuten bei mittlerer Hitze goldgelb anbraten, mehrfach wenden.

Vietnamesische Frikadellen

In 20 Minuten vorbereitet

15 Minuten Kochzeit

Für 4 Personen

Hähnchenbrust
200 g

Koriander
× 1 Bund

Eier
× 2

Sonnenblumenöl
1 Esslöffel

Ingwer
× 2 cm

Zucchini
× 3

- ○ Die Hähnchenbrust zerkleinern.
- ○ Die Korianderblätter, den geraspelten Ingwer, die Eier, das Öl und die geraspelte Zucchini hinzugeben. Salzen, pfeffern.
- ○ Etwa 20 Frikadellen formen.
- ○ 15 Minuten in einem Dampfkorb garen lassen.

6

Kalbsfrikadellen

In 15 Minuten vorbereitet

20 Minuten Kochzeit

Für 4 Personen

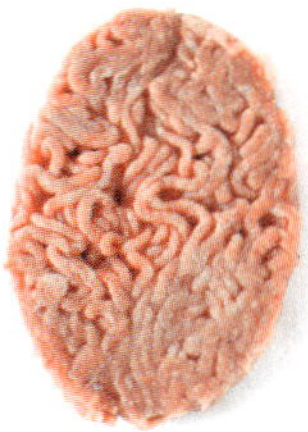

gehacktes Kalbfleisch
200 g

Artischocken in Öl
200 g

Ei
× 1

Zitrone
× 1

Schnittlauch
× ½ Bund

- Den Ofen auf 190 °C vorheizen. Die Artischocke mit etwas Sonnenblumenöl vermischen.
- Mit dem gehackten Fleisch, dem Ei, dem gehackten Schnittlauch, einem Teelöffel Zitronenzesten und einem Schuss Zitronensaft vermischen. Salzen, pfeffern.
- Etwa 20 Frikadellen formen.
- Für 20 Minuten auf einem Blech backen.

Leichte Pitas

In 15 Minuten vorbereitet

20 Minuten Kochzeit

Für 4 Personen

Pitabrote
× 4

Karotten
× 2

Hähnchenbrust
200 g

Zatar (nordafrik.
Gewürzmischung)
2 Teelöffel

Zaziki
4 Esslöffel

Sonnenblumenöl
2 Esslöffel

- ○ Die Hähnchenbrust in dem Öl von beiden Seiten anbraten, bei mittlerer Hitze fertiggaren.
- ○ In Streifen schneiden und mit Zatar bestreuen. Abschmecken.
- ○ Die Brötchen aufbacken und mit dem Zaziki, den geraspelten Karotten und dem Hähnchen garnieren.

Gemischte Lasagne

gehacktes Kalbfleisch
250 g

Lasagne
× 12 Blätter

Olivenöl
3 Esslöffel

Zitrone
× 1

Zucchini
× 3

Mozzarella
200 g

In 20 Minuten vorbereitet

40 Minuten Kochzeit

Für 4 Personen

- Den Ofen auf 180 °C vorheizen. Das Fleisch in einem Esslöffel Öl anbraten.
- Die Zucchini in Scheiben schneiden und 10 Minuten in Dampf garen. Mit Zitronenzesten, Salz, Pfeffer und einem Schuss Olivenöl vermischen.
- Eine Auflaufform mit Öl auspinseln und Fleisch, Lasagne, Püree und Mozzarella abwechselnd hineinschichten. Das Ganze wiederholen und mit Mozzarella enden.
- Für 30 Minuten in den Ofen geben.

Moussaka mit Lamm und Bohnen

In 25 Minuten vorbereitet

50 Minuten Kochzeit

Für 4 Personen

Lammfleisch in Stücken
200 g

weiße Bohnen
200 g aus der Dose

Tomatensauce
400 ml

Olivenöl
5 Esslöffel

Sahne
2 Esslöffel

Auberginen
× 2

- Den Ofen auf 220 °C vorheizen. Die Auberginen in Scheiben schneiden und auf ein Blech legen. Mit Öl bepinseln, würzen und für 15 Minuten in den Ofen geben. Auf mittlere Hitze zurückdrehen.
- Das Fleisch im Öl 10 Minuten anbraten, dann mit dem Messer hacken. Salzen, pfeffern. Die Bohnen abgießen.
- In eine mit Öl ausgepinselte Auflaufform eine Schicht Fleisch, Auberginen und Bohnen legen und die Tomatensauce darübergießen.
- Die Sahne hinzugeben und 25 Minuten in den Ofen geben.

10

Hackfleisch mit dicken Bohnen

In 20 Minuten vorbereitet

35 Minuten Kochzeit

Für 4 Personen

gekochtes Rindfleisch
200 g

geschälte, dicke Bohnen
300 g

Kartoffelpüree
400 g

Paniermehl
40 g

Karotten
× 3

glatte Petersilie
× 8 Stiele

- Den Ofen auf 180 °C vorheizen. Die in Scheiben geschnittenen Karotten für 10 Minuten in Wasser garen. Abgießen, hacken und würzen.
- Die dicken Bohnen 5 Minuten in Wasser garen, abgießen und zerkleinern. Würzen.
- Fleisch, Bohnen, Karotten und Püree abwechselnd in eine Auflaufform schichten, mit dem mit gehackter Petersilie gemischten Paniermehl enden.
- Für 20 Minuten in den Ofen geben.

Fast veggie

11

Nudeln Bolognese

Merguez-Würstchen
200 g

Sellerie
× 1 Stiel

rote Paprika
× 1

Tomaten
× 6

Olivenöl
× 4 Esslöffel

Nudeln nach Wahl
400 g

In 15 Minuten vorbereitet

20 Minuten Kochzeit

Für 4 Personen

- Die Tomaten schälen und hacken. Die Paprika und den Sellerie hacken.
- Das Öl in einer Pfanne erhitzen und die in kleine Stücke geschnittene Merguez für 3 bis 4 Minuten anbraten.
- Das Gemüse hinzugeben und für 10 Minuten bei schwacher Hitze garen.
- Die Nudeln kochen, abgießen und in die Sauce geben.

12

Chili mit wenig Fleisch

In 15 Minuten vorbereitet

20 Minuten Kochzeit

Für 4 Personen

Kichererbsen
aus der Dose
200 g

gewürzte Würstchen
250 g

Tomaten-Basilikum-Sauce
400 g

mexikanische Gewürze
2 Teelöffel

Olivenöl
3 Esslöffel

Zucchini
× 4

- Die Zucchini und die Würstchen in Stücke schneiden. Im Olivenöl 5 Minuten bei starker Hitze anbraten. Salzen, pfeffern.
- Die Gewürzmischung hinzugeben, 1 Minute umrühren.
- Die Kichererbsen und die Tomatensauce hinzugeben und bei schwacher Hitze 15 Minuten köcheln lassen.

Suppeneintopf

In 10 Minuten vorbereitet

10 Minuten Kochzeit

Für 4 Personen

gekochtes Rindfleisch
x 200 g

Karotten
× 4

Lauch
× 4 Stangen

Meerrettich
2 Teelöffel

Schalotten
× 2

Petersilie
× ½ Bund

- Die geschälten Karotten und den gewaschenen Lauch fein schneiden. In 5 Gläsern Brühe (oder Salzwasser) 10 Minuten kochen lassen. Auf 4 Schalen verteilen.
- Das zerkleinerte Fleisch hinzugeben.
- Die Petersilie hacken, mit der Schalotte und dem Meerrettich vermischen. Abschmecken.
- Die Suppe mit dem Gewürz servieren.

Curry mit Hähnchen und Gemüse

In 15 Minuten vorbereitet

45 Minuten Kochzeit

Für 4 Personen

gelbe Currypaste
3 Esslöffel

Hühnerschenkel mit Knochen
400 g

Erbsen
300 g

Süßkartoffeln
× 2

Brokkoli
× 1

Kokosmilch
400 ml

- Die Currypaste in einem Schmortopf mit der Kokosmilch verrühren.
- Die Hühnerschenkel, die geschälten und in Würfel geschnittenen Süßkartoffeln, die Erbsen und den in Röschen geschnittenen Brokkoli hinzugeben. Salzen, pfeffern. Aufkochen und 45 Minuten bei geschlossenem Deckel köcheln lassen.
- Die gekochten Hühnerkeulen herausnehmen, die Knochen und die Haut entfernen und das Fleisch in Streifen schneiden. Servieren.

Pastete mit weniger Fleisch

In 15 Minuten vorbereitet

40 Minuten Kochzeit

Für 4 Personen

Pastetenteig
× 1 Rolle

Mangold
× 3 Stiele

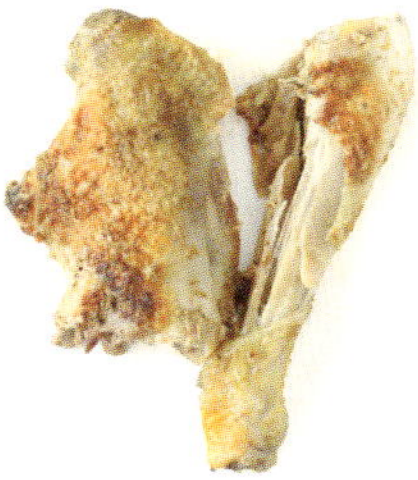

gekochtes Hähnchen
100 g

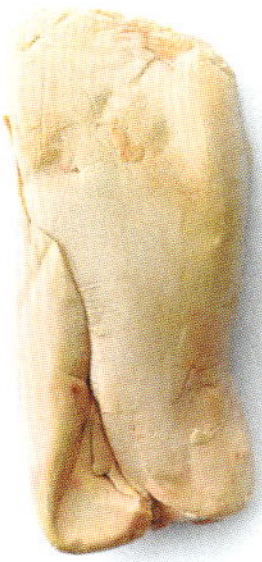

Gänseleber nach Wahl
50 g

Olivenöl
2 Esslöffel

Mais aus der Dose
150 g

- Den Ofen auf 180 °C vorheizen. Den Mangold waschen, hacken und 10 Minuten in dem Olivenöl anbraten, bei schwacher Hitze fertiggaren. Salzen, pfeffern.
- Das Hähnchen kleinhacken. Die Maiskörner mit dem Messer lösen.
- Einen Teigboden in eine Auflaufform legen. Den Mangold, das Hähnchen und die in kleine Stücke geschnittene Gänseleber darauf verteilen.
- Die Kanten nach innen klappen. 30 Minuten garen.

Pastilla

16

In 15 Minuten vorbereitet

35 Minuten Kochzeit

Für 4 Personen

gekochtes Hähnchen
150 g

Eier
× 6

Geflügel- oder
Gemüsebrühe
200 ml

Filoteigblätter
× 6

Olivenöl
6 Esslöffel

Koriander
× ½ Bund

- Den Ofen auf 180 °C vorheizen. Die Brühe in einer Pfanne erhitzen. Die geschlagenen Eier hinzugeben. Die Hitze zurückdrehen und umrühren, um ein relativ flüssiges Rührei zu erhalten.
- Vom Herd nehmen, das in Streifen geschnittene Hähnchen und den gehackten Koriander hinzufügen. Würzen.
- Drei Blätter Filoteig in eine Auflaufform legen, von jeder Seite mit Öl bepinselt. Die Füllung darübergießen. Mit den drei anderen mit Öl bepinselten Blättern bedecken und die überschüssigen Ränder abschneiden.
- Für 30 Minuten in den Ofen geben.

Gefüllter Grünkohl

In 20 Minuten vorbereitet

1 Stunde 15 Minuten Kochzeit

Für 4 Personen

Grünkohl
× 1

Wurstbrät mit Kräutern
150 g

Olivenöl
4 Esslöffel

Lauch
× 4 Stangen

Karotten
× 4

glatte Petersilie
× ½ Bund

- Den Kohl 5 Minuten in kochendes Salzwasser legen.
- Die Blätter entfernen, das Herzstück hacken. Den Strunk wegwerfen.
- Das Wurstbrät, den fein geschnittenen Lauch, die in Würfel geschnittenen Karotten und den gehackten Kohl in 3 Esslöffeln Öl 10 Minuten anbraten. Die Petersilie hinzugeben. Abkühlen lassen.
- Die Kohlblätter in eine Schale legen und diese Füllung hineingeben. Verschnüren. In einen Schmortopf geben, Öl hinzugeben und 1 Stunde garen lassen.

Fast veggie

18

Gefüllte Zucchini

In 20 Minuten vorbereitet

45 Minuten Kochzeit

Für 4 Personen

Olivenöl
4 Esslöffel

runde Zucchini
× 4

gewürzte Würstchen
250 g

Knoblauch
× 2 Zehen

Einkorn
100 g

Thymian
× 8 Stiele

- Den Ofen auf 190 °C vorheizen. Das Einkorn nach Packungsangabe kochen. Einen Deckel von den Zucchini abschneiden und diese aushöhlen.
- Das Wurstbrät 5 Minuten in Öl anbraten. Würzen.
- Das Fleisch der Zucchini und dann das Einkorn hinzugeben. Den gezupften Thymian und den geriebenen Knoblauch hinzugeben.
- Die Zucchini füllen, den Deckel wieder aufsetzen und 30 Minuten in den Ofen geben.

19

Pho

Rinderfilet
100 g

Rinderbrühe
700 ml

Reisbandnudeln
150 g

Lauch
× 2 Stangen

Minze
× 4 Stiele

Keimlinge nach Wahl
2 Esslöffel

In 15 Minuten vorbereitet

15 Minuten Kochzeit

Für 4 Personen

- Die Nudeln nach den Packungsangaben kochen.
- Den Lauch fein hacken und bei mittlerer Hitze mit einem Glas Wasser dämpfen.
- Die Brühe erhitzen. Das Fleisch in feine Streifen schneiden.
- Die sehr heiße Brühe in 4 Schalen verteilen. Mit rohem Fleisch garnieren, alle Zutaten dazugeben. Gegebenenfalls abschmecken.

Bobun

In 15 Minuten vorbereitet

20 Minuten Kochzeit

Für 4 Personen

Reisnudeln
150 g

Koriander
× 6 Stiele

Frühlingsröllchen
× 8 bis 12

Karotten
× 2

Tofu mit Kräutern
150 g

Sweet Chili-Sauce
8 Esslöffel

- Die Nudeln in kochendem Wasser 5 Minuten einweichen. Abgießen.
- Die Karotten in Stifte schneiden, in einer heißen Pfanne anrösten,ein wenig Wasser hinzugeben und 5 Minuten kochen.
- Die Nudeln in Schalen verteilen, mit ein wenig Sauce würzen.
- Die Schalen mit dem Koriander, den Karotten, dem Kräutertofu, den geviertelten, warmen Frühlingsröllchen und der restlichen Sauce garnieren.

Donburi Cordon bleu

In 15 Minuten vorbereitet

40 Minuten Kochzeit

Für 4 Personen

Basmatireis
320 g

Cordon bleus
× 2

Blattspinat
500 g

Kürbis nach Wahl
300 g

Sojasauce
4 Esslöffel

Sonnenblumenöl
3 Esslöffel

- Den Ofen auf 190 °C vorheizen. Den Kürbis in kleine Stücke schneiden. In einem Schuss Öl anbraten, würzen und 20 Minuten im Ofen garen.
- Den Reis nach den Packungsangaben kochen.
- Die Cordon bleus in 1 Esslöffel Öl anbraten. Den Spinat in das restliche Öl geben und 5 Minuten bei schwacher Hitze garen lassen.
- Den Reis in Schalen verteilen und mit dem Spinat, dem Kürbis, dem in Streifen geschnittenen Cordon bleu und der Sojasauce servieren.

Bratwurst mit Gemüse

In 15 Minuten vorbereitet

40 Minuten Kochzeit

Für 4 Personen

Knollensellerie
× ½

Karotten
× 4

Brokkoli
× 1

gewürzte Würstchen
250 g

Rosmarin
× 4 Stiele

Olivenöl
3 Esslöffel

- Den Ofen auf 190 °C vorheizen. Das Gemüse waschen und in große Würfel schneiden. Den Brokkoli in Röschen schneiden. Die Würstchen in Stücke schneiden.
- Das Gemüse und die Würstchen auf ein Backblech geben, mit Öl bestreichen. Salzen, pfeffern und den gehackten Rosmarin hinzugeben. Gut mischen.
- 40 Minuten rösten.

23

Gemischter Hackbraten

In 15 Minuten vorbereitet

1 Stunde Kochzeit

Für 4 Personen

Rinderhack
150 g

grüne Linsen
100 g

Eier
× 4

Paniermehl
100 g

Frühlingszwiebeln
× 3

Olivenöl
2 Esslöffel

- Den Ofen auf 180 °C vorheizen. Die Linsen nach Packungsangabe kochen. Mit den Zwiebeln mischen.
- Das Fleisch 6 bis 7 Minuten in einem Esslöffel Öl anbraten.
- Die Linsen mit dem Fleisch, den aufgeschlagenen Eiern und dem Paniermehl mischen. Salzen, pfeffern.
- In eine mit Backpapier ausgelegte Kuchenform mit 25 cm Durchmesser gießen und 40 Minuten backen. Mit einer der Saucen servieren.

24

Fisch-Burger

In 10 Minuten vorbereitet

8 Minuten Kochzeit

Für 4 Personen

panierte Fischfilets
× 4

nach Geschmack
gewürzte Mayonnaise

Romanasalat
× 4 Blätter

große Kapern
× 8

Burgerbrötchen
× 4

Kerbel
× 8 Stiele

- Den Ofen auf 180 °C vorheizen. Den Fisch 7 bis 8 Minuten backen.
- Die Brötchen leicht anrösten.
- Den Kerbel hacken und mit der Mayonnaise vermischen.
- Aus den Zutaten Hamburger zusammenstellen und servieren.

Fischkuchen

25

In 15 Minuten vorbereitet

15 Minuten Kochzeit

Für 4 Personen

Kartoffelpüree
400 g

Schellfischfilet
200 g

Zitronengras
× 4 Stangen

Limette
× 1

Koriander
× 12 Stiele

Sonnenblumenöl
2 Esslöffel

- Den Fisch in einer Pfanne mit kochendem Salzwasser ca. 5 Minuten garen. Die Hitze zurückdrehen und abkühlen lassen. Den Koriander und das Zitronengras hacken.
- Das Püree, Zesten und den Saft der Limette, den Koriander, das Zitronengras und den Fisch vermischen. Gegebenenfalls abschmecken.
- 15 kleine Scheiben mit 5 cm Durchmesser und 1 cm Dicke formen.
- In dem heißen Öl 3 bis 4 Minuten von jeder Seite anbraten.

26

Sardinenfrikadellen

In 15 Minuten vorbereitet

15 Minuten Kochzeit

Für 4 Personen

Ölsardinen
200 g aus der Dose

Minze
× 6 Stiele

Zitrone
× 1

Bauernbrot
2 Scheiben

glatte Petersilie
× 6 Stiele

Ras-el-hanout
½ Teelöffel

- Den Ofen auf 180 °C vorheizen. Das Brot zerkrümeln. Die Sardinen mit der Gabel und mit ein wenig ihres Öls zerdrücken. Die Kräuter hacken.
- Die Sardinen, die Kräuter, das Brot und das Ras-el-hanout vermischen. Ein paar Zesten und den Saft der Zitrone hinzugeben. Abschmecken.
- Frikadellen formen und 15 Minuten in den Ofen geben.

Fisch-Samosas

In 25 Minuten vorbereitet

25 Minuten Kochzeit

Für 4 Personen

Filoteigblätter
× 8

Weißfisch nach Wahl
150 g

Spinat
400 g

gelbes Currypulver
2 Teelöffel

Sonnenblumenöl
6 Esslöffel

Kartoffelpüree
150 g

- Den Ofen auf 180 °C vorheizen. Den Fisch bei mittlerer Hitze in einem Schuss Öl in eine Pfanne geben. Die Hitze herunterdrehen und den gehackten Spinat und dann den Curry hinzugeben. 5 Minuten garen. Das Püree hinzugeben. Salzen, pfeffern.
- Ein Blatt Filoteig halbieren und falten. Mit Öl bestreichen.
- Einen Esslöffel der Füllung auf die eine Seite setzen und zu einem Dreieck falten. Dies für alle Zutaten wiederholen.
- Für 20 Minuten in den Ofen geben.

28

Fischtorte

In 15 Minuten vorbereitet

30 Minuten Kochzeit

Für 4 Personen

Kartoffelpüree
600 g

Erbsen
250 g

Weißfisch nach Wahl
500 g

Béchamel-Sauce
200 ml

Kerbel
× 6 Stiele

Knoblauch
× 1 Zehe

- Den Ofen auf 180 °C vorheizen. Einen Bräter mit einer Knoblauchzehe ausreiben.
- Den Fisch in einer Pfanne mit kochendem Salzwasser ca. 5 Minuten garen.
- Die Erbsen 5 Minuten in etwas Salzwasser garen. Zusammen mit dem geriebenen Knoblauch mit einer Gabel zerdrücken. Salzen, pfeffern. Den Fisch mit der Béchamel-Sauce vermischen.
- Gemüse und Fisch abwechselnd schichten. Für 20 Minuten in den Ofen geben. Mit dem gehackten Kerbel bestreuen.

Nudeln mit Sardinen-sauce

In 15 Minuten vorbereitet

15 Minuten Kochzeit

Für 4 Personen

Brokkoli
× 2

Sardinen in der Dose
220 g

Nudeln nach Wahl
400 g

Knoblauch
× 2 Zehen

Zucchini
× 2

Chilipulver
eine Messerspitze

- Den Brokkoli in Salzwasser 5 Minuten kochen. Die in Scheiben geschnittenen Zucchini hinzugeben und weitere 5 Minuten kochen, abschmecken.
- Zwei Esslöffel des Sardinenöls, das Gemüse, die Sardinen und den geriebenen Knoblauch in eine Pfanne geben und 5 Minuten bei mittlerer Hitze garen.
- Während des Kochens diese Füllung mit einem Löffel zerdrücken. Das Chilipulver hinzugeben, gegebenenfalls salzen. Die Hitze herunterdrehen.
- Die Nudeln kochen, mit der Sauce servieren.

30

Fischterrine

In 15 Minuten vorbereitet

50 Minuten Kochzeit

Für 4 Personen

Lachsfilet
350 g

Spinat
400 g

Eier
× 4

Schnittlauch
× 1 Bund

Zucchini
× 3

Olivenöl
2 Esslöffel

- Den Ofen auf 160 °C vorheizen. Den rohen Lachs und den Schnittlauch hacken. Den Spinat hacken und 4 Minuten mit einem Esslöffel Öl in einer Pfanne anbraten. Würzen.
- Die Zucchini 10 Minuten bei Dampf garen und mit dem restlichen Öl mischen. Würzen.
- Den Fisch, das Gemüse und die aufgeschlagenen Eier mischen und in eine Kuchenform gießen.
- Im Wasserbad 35 Minuten kochen.

31

Fischeintopf

Gemüse- oder
Geflügelbrühe
800 ml

Weißfisch nach Wahl
400 g

gesalzene Butter
50 g

Kerbel
× ½ Bund

Zucchini
× 2

grüner Spargel
× 12 Stangen

In 10 Minuten vorbereitet

10 Minuten Kochzeit

Für 4 Personen

- Die Brühe erhitzen. Den in Stücke geschnittenen Spargel und die in Streifen geschnittenen Zucchini hineingeben und 4 Minuten kochen. Mit einem Schaumlöffel herausnehmen.
- Die Hitze herunterdrehen, die Brühe köcheln lassen. Den Fisch je nach Dicke 2 bis 3 Minuten pro Seite pochieren.
- Die heiße Brühe in Schalen mit den Fischstücken, dem Gemüse, einem Stück Butter und dem gehackten Kerbel servieren.

Fischpastete

Blätterteig
× 2 Rollen

Lachsfilet
200 g

Kresse
× 1 Bund

Ei
× 1

Champignons
300 g

Olivenöl
2 Esslöffel

In 15 Minuten vorbereitet

30 Minuten Kochzeit

Für 4 Personen

- Den Ofen auf 180 °C vorheizen. Den mit Öl bestrichenen Lachs 5 Minuten auf einem Blech im Ofen garen.
- Die Champignons hacken und etwa 10 Minuten in dem Öl anbraten. Salzen, pfeffern. Die Kresse hinzugeben, gut umrühren. Vom Herd nehmen, das Ei hinzugeben (einen Esslöffel zum Bestreichen zurückbehalten).
- Eine Form mit ca. 20 x 30 cm mit einem Teigblatt auslegen. Die Zutaten hineinschichten.
- Mit dem zweiten Teigblatt abdecken, mit dem Ei bepinseln und 30 Minuten backen.

Fisch-Pastilla

In 15 Minuten vorbereitet

35 Minuten Kochzeit

Für 4 Personen

Filoteigblätter
× 6

Olivenöl
5 Esslöffel

Weißfisch nach Wahl
200 g

Currypulver
2 Teelöffel

Kartoffelpüree
300 g

Zuckererbsen
200 g

- Den Ofen auf 180 °C vorheizen. Die Erbsen 5 Minuten in kochendem Wasser garen. Mit dem Schaumlöffel herausnehmen. Die Hitze herunterdrehen und den Fisch 3 Minuten bei leichtem Köcheln garen.
- Die gehackten Erbsen, das Püree, den in Stücke geschnittenen Fisch und das Currypulver vermischen.
- Drei Blätter Filoteig in eine Auflaufform legen, von jeder Seite mit Öl bepinselt. Die Füllung darübergießen. Mit den anderen mit Öl bepinselten Blättern bedecken und die überschüssigen Ränder abschneiden.
- Für 30 Minuten in den Ofen geben.

34

Asia-Suppe mit Fisch

In 15 Minuten vorbereitet

35 Minuten Kochzeit

Für 4 Personen

Garnelen
× 8

Limetten
× 2

Reisbandnudeln
150 g

Sonnenblumenöl
1 Esslöffel

Zitronengras
× 4 Stangen

Koriander
× 12 Stiele

- Die Nudeln 4 Minuten in kochendem Wasser garen.
- Die Garnelen von der Schale befreien. Die Schalen 5 Minuten in Öl anbraten. Mit 800 ml Wasser aufgießen, würzen. Die Korianderstiele und 2 zerdrückte Zitronengrasstangen dazugeben und 30 Minuten köcheln lassen. Absieben.
- Die Garnelen für 2 Minuten bei mittlerer Hitze in die Brühe geben.
- Mit den Nudeln, der Limette, dem Koriander und den Zitronengrasscheiben in Schalen servieren.

35

Lachs-Donburi

In 15 Minuten vorbereitet

20 Minuten Kochzeit

Für 4 Personen

Basmatireis
320 g

Lachsfilet
250 g

Frühlingszwiebeln
× 2

Zucchini
× 2

Teriyaki-Sauce
4 Esslöffel

Sesamöl
1 Esslöffel

- Den Fisch in die Sauce geben. Den Reis nach den Packungsangaben kochen.
- Die in Streifen geschnittenen Zucchini in einer Pfanne mit etwas Öl 5 Minuten bei schwacher Hitze anbraten.
- Den Fisch in einer Pfanne auf der Haut für 6 bis 7 Minuten bei mittlerer Hitze garen. Die Marinade darübergießen.
- Den Reis auf Schalen verteilen und mit den Zucchini, den fein geschnittenen Zwiebeln, dem Lachs, der Sauce und etwas Sesamöl servieren.

36

Frikadellen mit Gemüse und Linsen

In 15 Minuten vorbereitet

30 Minuten Kochzeit

Für 4 Personen

grüne Linsen
150 g

Minze
× 6 Stiele

Tomatenmark
1 Esslöffel

Mehl
50 g

Frühlingszwiebeln
× 3

Olivenöl
3 Esslöffel

- Den Ofen auf 180 °C vorheizen. Die Linsen nach Packungsangabe kochen.
- Mit Salz, Pfeffer, Minze und den Zwiebeln mischen. Das Mehl und das Tomatenmark hinzugeben.
- Frikadellen formen. Mit dem Öl begießen und bei 180 °C 10 Minuten im Ofen garen lassen.
- Mit dem Tomatenreis, dem Beilagengetreide und einer der Saucen servieren.

Frikadellen mit Gemüse und Tofu

In 15 Minuten vorbereitet

20 Minuten Kochzeit

Für 4 Personen

Tofu mit Kräutern
300 g

Sonnenblumenöl
2 Esslöffel

Chilipulver
1 große Prise

Spinat
200 g

Ei
× 1

Currypulver
1 Teelöffel

- Den Ofen auf 180 °C vorheizen. Den Tofu hacken.
- Den Spinat waschen, hacken und 5 Minuten mit einem Esslöffel Öl in einer Pfanne anbraten. Den Curry und das Chilipulver hinzugeben. Gut abtropfen lassen.
- Mit dem Tofu vermischen und die Eier hinzugeben. Frikadellen formen.
- Auf ein mit Öl bestrichenes Blech legen, mit Öl bepinseln und 15 Minuten im Ofen backen.

38

Falafel

geschälte, dicke Bohnen
400 g

Knoblauch
× 3 Zehen

Petersilie
× ½ Bund

Kreuzkümmelpulver
1 Teelöffel

Olivenöl
3 Esslöffel

Frühlingszwiebeln
× 2

In 15 Minuten vorbereitet

20 Minuten Kochzeit

Für 4 Personen

- ○ Die Bohnen 6 bis 7 Minuten in einem Esslöffel Wasser und einem Esslöffel Öl garen.
- ○ Die Bohnen, die grob gehackten Zwiebeln, den geriebenen Knoblauch, Salz, Pfeffer, Petersilie und Kümmel vermischen.
- ○ Frikadellen formen. In der Pfanne 7 bis 8 Minuten anbraten.
- ○ Mit Reis, dem Beilagengetreide und einer der Saucen servieren.

39

Überbackene Veggie-Pastete

In 15 Minuten vorbereitet

1 Stunde 10 Minuten Kochzeit

Für 4 Personen

Blätterteig
× 2 Rollen

Auberginen
× 2

gelbe Paprika
× 2

Zucchini
× 4

Olivenöl
5 Esslöffel

Pesto
2 Esslöffel

- Den Ofen auf 200 °C vorheizen. Das Gemüse in Stücke schneiden. Auf ein oder mehrere Backbleche legen, ohne es zu stapeln. Öl darübergießen, salzen, pfeffern und 30 Minuten rösten.
- Einen Teigboden in eine Kuchenform legen.
- Mit den Gemüsestücken und Pestoflocken füllen.
- Mit dem Teig abdecken, die Ränder zusammendrücken, überschüssigen Teig abschneiden und 40 Minuten in den Ofen geben.

Samosas mit dicken Bohnen und Spinat

In 25 Minuten vorbereitet

25 Minuten Kochzeit

Für 4 Personen

Filoteigblätter
× 8

geschälte, dicke Bohnen
200 g

Spinat
300 g

gelbes Currypulver
3 Teelöffel

Sonnenblumenöl
6 Esslöffel

Kartoffelpüree
150 g

- Den Ofen auf 180 °C vorheizen. Die Bohnen 5 Minuten mit einem Schuss Öl und etwas Wasser garen, zerdrücken.
- Den gehackten Spinat mit einem Schuss Öl 5 Minuten bei mittlerer Hitze in einer Pfanne anbraten. Den Curry, das Püree und die Bohnen hinzugeben. Würzen.
- Ein Blatt Filoteig halbieren und zusammenfalten. Mit Öl bestreichen.
- Einen Esslöffel der Füllung auf die eine Seite setzen und zu einem Dreieck falten. Dies für alle Zutaten wiederholen. Für 15 bis 20 Minuten in den Ofen geben.

Frühlingsröllchen

41

In 20 Minuten vorbereitet

12 Minuten Kochzeit

Für 4 Personen

Reisblätter
× 8

Avocado
× 1

Radieschen
× 1 Bund

brauner Reis
150 g

helle Misopaste
1 Esslöffel

Limetten
× 2

- Den Reis nach den Packungsangaben kochen. Mit der Misopaste, den Zesten und dem Saft der Limetten vermischen, pfeffern.
- Die Radieschenblätter hacken, die Radieschen in Streifen schneiden. Die Avocado in Streifen schneiden, mit Zitrone beträufeln und würzen.
- Ein Reispapier in warmem Wasser einweichen und dann auf ein feuchtes Tuch legen. Etwas Reis, Avocado, Radieschen und Blätter darauflegen, zusammenrollen.
- Die Rollen mit weißer Sauce oder dem Chutney servieren.

Portobello-Burger

In 10 Minuten vorbereitet

13 Minuten Kochzeit

Für 4 Personen

große Champignons
× 16

Avocado
× 1

Olivenöl
2 Esslöffel

Schnittlauch
× ½ Bund

Schalotten
2

Comté
120 g in Scheiben

- Den Ofen auf 200 °C vorheizen. Die Champignons auf ein Blech legen, salzen, pfeffern und mit Öl bepinseln. 10 Minuten oben im Ofen rösten.
- Eine Scheibe Comté auf die Hälfte der Champignons geben und 1 bis 2 Minuten in den Ofen geben, um ihn zerlaufen zu lassen.
- Auf einen Champignon ohne Käse Avocadostücke, Schnittlauch und fein geschnittene Schalotte legen und mit einem Champignon mit Käse bedecken.

Hirse-Burger

In 15 Minuten vorbereitet

10 Minuten Kochzeit

Für 4 Personen

Burgerbrötchen
× 4

Hirse
150 g

Kichererbsen
aus der Dose
150 g

Auberginenkaviar
4 Esslöffel

Olivenöl
3 Esslöffel

glatte Petersilie
× ½ Bund

- Die Hirse nach den Packungsangaben kochen.
- Mit den abgetropften Kichererbsen, 3/4 der Petersilie und einem Esslöffel Olivenöl mischen. Salzen, pfeffern. 8 Scheiben formen.
- 7 bis 8 Minuten in dem restlichen Öl anbraten, nach der halben Garzeit wenden.
- Die Burgerbrötchen leicht anrösten. Mit dem Auberginenkaviar und der zubereiteten Masse füllen, mit gehackter Petersilie bestreuen.

Burger mit geröstetem Tofu

In 15 Minuten vorbereitet

5 Minuten Kochzeit

Für 4 Personen

Burgerbrötchen
× 4

Paniermehl
4 Esslöffel

fester Tofu
300 g

Sonnenblumenöl
2 Esslöffel

vegane Mayonnaise
4 Esslöffel

Gurke
× ¼

- Den Tofu in 8 dünne Scheiben schneiden. Die Gurke fein schneiden, die Kerne entfernen.
- Den Tofu im Paniermehl wenden und 2 bis 3 Minuten von jeder Seite in Öl abraten.
- Aus den leicht angerösteten Brötchen, der Mayonnaise, der fein geschnittenen Gurke und dem Tofu Burger formen.

Hummus-Pita

In 15 Minuten vorbereitet

5 Minuten Kochzeit

Für 4 Personen

Pitabrote
× 4

Karotten
× 2

Hummus
100 g

Olivenöl
2 Esslöffel

Kreuzkümmel
1 Teelöffel

Zucchini
× 1

- Die Karotten in lange Streifen schneiden und 3 bis 4 Minuten bei starker Hitze in Öl anbraten. Kümmel, Salz und Pfeffer hinzugeben.
- Die Brötchen aufbacken. Die Zucchini raspeln.
- Die Brötchen mit dem Hummus, den gerösteten Karotten und der geraspelten Zucchini garnieren.

Veggie-Lasagne

In 15 Minuten vorbereitet

50 Minuten Kochzeit

Für 4 Personen

Lasagne
× 12 Blätter

Olivenöl
3 Esslöffel

Tomatensauce
400 ml

grüne Linsen
100 g

Spinat
300 g

Hüttenkäse
250 g

- Den Ofen auf 180 °C vorheizen. Den Spinat grob hacken und mit 1 Esslöffel Öl bei mittlerer Hitze in einer Pfanne 5 Minuten anbraten. Salzen, pfeffern.
- Die Linsen nach der Packungsangabe kochen. Mit Salz, Pfeffer und einem Esslöffel Olivenöl vermischen.
- Die verschiedenen Zubereitungen in eine mit Öl ausgestrichene Auflaufform schichten, mit Tomaten enden.
- Für 25 bis 30 Minuten in den Ofen geben.

Gemüse-Moussaka

In 25 Minuten vorbereitet

50 Minuten Kochzeit

Für 4 Personen

Auberginen
× 2

Champignons
500 g

Olivenöl
5 Esslöffel

Tomaten-Basilikum-Sauce
400 ml

Petersilie
× ½ Bund

Paniermehl
80 g

- Den Ofen auf 220 °C vorheizen. Die Auberginen in Scheiben mit 3 cm Dicke schneiden. Würzen und mit Öl bestreichen, anschließend auf einem Blech 10 bis 15 Minuten in den Ofen geben, einmal wenden.
- Die Champignons hacken und in 2 Esslöffeln Öl 10 Minuten anbraten. Würzen und die gehackte Petersilie hinzugeben.
- Das Gemüse in eine mit Öl ausgestrichene Auflaufform schichten.
- Die Masse hineingeben, mit Paniermehl bestreuen und 25 Minuten in den Ofen geben.

Gemüseauflauf

48

In 15 Minuten vorbereitet

50 Minuten Kochzeit

Für 4 Personen

Champignons
500 g

Zucchini
× 3

Süßkartoffeln
× 2

Olivenöl
5 Esslöffel

Einkorn
100 g

Comté
150 g

- O Den Ofen auf 180 °C vorheizen. Das Einkorn garen.
- O Die Champignons hacken und in 2 Esslöffeln Öl 10 Minuten anbraten. Salzen, pfeffern. Das Einkorn hinzugeben und 2 Minuten anbraten.
- O Die in Würfel geschnittenen Süßkartoffeln 20 Minuten, die Zucchini 10 Minuten in Wasser garen, abgießen, würzen, jeweils 1 Esslöffel Öl hinzugeben.
- O Das Gemüse abwechselnd in eine mit Öl ausgestrichene Auflaufform schichten. Mit dem geriebenen Comté bestreuen und 25 Minuten in den Ofen geben.

Nudeln Bolognese

geräucherter Tofu
300 g

Spaghetti
400 g

scharfe Tomatensauce
300 ml

Zwiebel
× 1

Parmesan
40 g

Olivenöl
2 Esslöffel

In 10 Minuten vorbereitet

15 Minuten Kochzeit

Für 4 Personen

- Die Zwiebel fein schneiden. 6 bis 7 Minuten bei mittlerer Hitze in Öl anschwitzen. Den in Würfel geschnittenen Tofu hinzugeben, gut umrühren und für 3 bis 4 Minuten leicht anbraten.
- Die Tomatensauce hinzugeben. Bei schwacher Hitze köcheln lassen.
- Die Nudeln kochen.
- Mit der Sauce und geriebenem Parmesan bestreut servieren.

50

Veggie-Hackbraten

In 15 Minuten vorbereitet

1 Stunde Kochzeit

Für 4 Personen

grüne Linsen
200 g

Tomatensauce
400 ml

Eier
× 4

Estragon
× 3 Stiele

glatte Petersilie
× 10 Stiele

Paniermehl
100 g

- Den Ofen auf 180 °C vorheizen. Die Linsen nach Packungsangabe kochen.
- Mit den Kräutern mischen. Mit den aufgeschlagenen Eiern, der Tomatensauce und dem Paniermehl vermischen. Salzen, pfeffern.
- In eine mit Backpapier ausgelegte Kuchenform gießen und 40 Minuten backen.

51

Chili ohne Fleisch

In 15 Minuten vorbereitet

30 Minuten Kochzeit

Für 4 Personen

weiße Bohnen in Tomatensauce, aus der Dose
400 g

Frühlingszwiebeln
× 5

Olivenöl
4 Esslöffel

mexikanische Gewürze
2 Teelöffel

Süßkartoffeln
× 2

Zucchini
× 3

- Eine rohe Zwiebel zurückbehalten. Die anderen fein schneiden. 7 bis 8 Minuten bei mittlerer Hitze in Öl anschwitzen.
- Die Gewürze und dann die in Würfel geschnittenen Süßkartoffeln und die in Streifen geschnittenen Zucchini hinzugeben. 5 Minuten kochen lassen, gelegentlich umrühren.
- Die Bohnen hinzugeben und 20 Minuten bei geschlossenem Deckel und schwacher Hitze garen.
- Mit der fein geschnittenen, rohen Zwiebel, Beilagengetreide oder Tomatenreis und einer der Saucen servieren.

52

Gemüseeintopf

In 15 Minuten vorbereitet

50 Minuten Kochzeit

Für 4 Personen

grüner Spargel
× 1 Bund

glatte Petersilie
× 1 Bund

Olivenöl
4 Esslöffel

Erbsen
300 g

große Kartoffeln
× 2

Eier
× 4

- Die Erbsen enthülsen. Den Spargel schälen. Die Schoten und Schalen in einen Topf geben, mit Wasser bedecken, die Petersilienstiele dazugeben und würzen. 30 Minuten köcheln lassen. Absieben.
- Die in Würfel geschnittenen Kartoffeln 15 Minuten in der Brühe kochen. Den Spargel und die Erbsen hinzugeben. 5 Minuten garen.
- Die Petersilie mit dem Öl mischen, würzen. Die Eier weich kochen.
- Die Brühe mit der Garnitur und der grünen Sauce servieren.

Gemüse-Curry

In 15 Minuten vorbereitet

40 Minuten Kochzeit

Für 4 Personen

geriebene Mandeln
4 Esslöffel

Currypaste
4 Esslöffel

Karotten
× 4

Zucchini
× 3

Brokkoli
× 1

Sonnenblumenöl
3 Esslöffel

- Den Brokkoli in Röschen schneiden, die Zucchini und die Karotten in große Stücke schneiden.
- Das Gemüse 5 Minuten mit dem Öl in einem Schmortopf anbraten.
- Die Currypaste und die Mandeln hinzugeben, 2 Minuten rühren. Mit Wasser abdecken, salzen, pfeffern. 30 Minuten bei geschlossenem Deckel und schwacher Hitze garen.
- Mit dem Tomatenreis, dem Beilagengetreide und dem grünen Chutney servieren.

Veggie-Pastete

In 15 Minuten vorbereitet

40 Minuten Kochzeit

Für 4 Personen

Blätterteig
× 2 Rollen

indische Sojasteaks
200 g

kleine Pak Choi
× 4

Olivenöl
1 Esslöffel

Ei
× 1

Chilipulver
1 große Prise

- Den Ofen auf 195 °C vorheizen. Den Pak Choi waschen, hacken und 10 Minuten in dem Olivenöl anbraten, bei schwacher Hitze fertiggaren.
- Die Sojasteaks hacken und mit dem Gemüse mischen. Chili und das aufgeschlagene Ei hinzugeben. Etwas Ei zum Bepinseln zurückbehalten.
- Eine Teigplatte in einer Form mit 25 cm Durchmesser ausrollen, die Garnitur hineingießen und mit der zweiten Teigplatte abdecken. Die Ränder verschließen und überschüssigen Teig abschneiden.
- Für 30 Minuten in den Ofen geben.

55

Quiche mit geräuchertem Tofu

In 15 Minuten vorbereitet

40 Minuten Kochzeit

Für 4 Personen

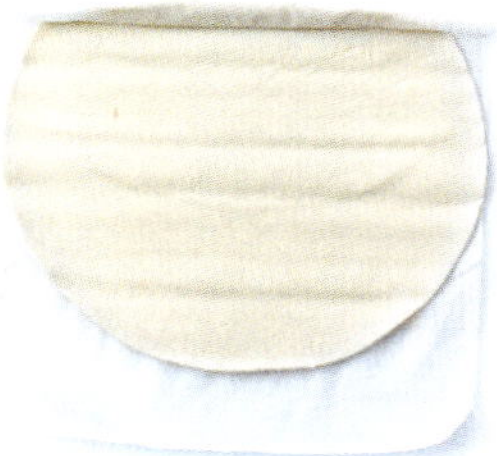

Pastetenteig
× 1 Rolle

Sahne
300 ml

Eier
× 2

geräucherter Tofu
300 g

Chili
1 große Prise

kleiner Brokkoli
x 1

- Den Ofen auf 180 °C vorheizen. Den Brokkoli 10 Minuten in Dampf garen.
- Den Teig in eine Auflaufform legen. Den Brokkoli und den in Scheiben geschnittenen Tofu darauflegen.
- Die Sahne, die Eier und den Chili aufschlagen und auf den Teig gießen.
- 30 Minuten garen.

56

Gefüllter Grünkohl

Graupen
60 g

rote Paprika
× 1

Sonnenblumenöl
3 Esslöffel

Grünkohl
× 1

Champignons
300 g

Dill
× 4 Stiele

In 15 Minuten vorbereitet

50 Minuten Kochzeit

Für 4 Personen

- Den Ofen auf 180 °C vorheizen. Die Graupen garen.
- 8 große Blätter vom Kohl entfernen. Mit dem Kohlherz 2 Minuten in kochendem Salzwasser kochen.
- Das Kohlherz, die Champignons und die Paprika hacken, in 2 Esslöffel Öl 5 Minuten anbraten und die Graupen hinzugeben. Noch ein paar Minuten weiterkochen. Salzen, pfeffern und den gehackten Dill hinzugeben.
- Die Füllung jeweils auf ein Kohlblatt geben, falten und verschnüren. Mit Öl bepinseln und für 20 Minuten in den Ofen geben.

Gefüllte Tomaten

In 15 Minuten vorbereitet

50 Minuten Kochzeit

Für 4 Personen

runde Tomaten
× 8

gewürzter Grieß
100 g

Korallenlinsen
100 g

Olivenöl
3 Esslöffel

Zucchini
× 2

Basilikum
× 1 Bund

- Den Ofen auf 180 °C vorheizen. Einen Deckel von den Tomaten schneiden und diese aushöhlen. Auf ein Backblech setzen und mit Öl bestreichen.
- Die Zucchini in Würfel schneiden. Die Linsen kochen.
- Die Zucchini in einer Pfanne 8 Minuten in dem restlichen Öl anbraten, dann das gehackte Tomatenfleisch und den Saft der Tomaten, den Grieß und die Linsen hinzugeben. 5 Minuten bei schwacher Hitze garen. Das gehackte Basilikum hinzugeben.
- Die Tomaten füllen und 30 Minuten in den Ofen geben.

Gefüllte Auberginen

In 15 Minuten vorbereitet

30 Minuten Kochzeit

Für 4 Personen

Auberginen
× 4

Frischkäse nach Wahl
300 g

Zitrone
× 1

Olivenöl
3 Esslöffel

glatte Petersilie
× ½ Bund

Chilipulver
1 große Prise

- Den Ofen auf 190 °C vorheizen. Die Auberginen der Länge nach halbieren. Das Fleisch einschneiden, ohne in die Haut zu schneiden, auf ein Backblech legen und mit Öl bestreichen. Für 30 Minuten in den Ofen geben.
- Das Fleisch mit einem Löffel herausnehmen und mit dem Käse, Salz und Pfeffer vermischen. Die gehackte Petersilie, den Curry, Zesten und etwas Zitronensaft hinzugeben.
- Die Auberginen mit dieser Mischung füllen und warm oder kalt servieren.

Veggie-Pho

In 15 Minuten vorbereitet

10 Minuten Kochzeit

Für 4 Personen

Gemüsebrühe
700 ml

Reisbandnudeln
150 g

Schnittlauch
× ½ Bund

Erbsen
200 g

Limette
× 1

kleine Zucchini
× 2

- ○ Die Nudeln nach den Packungsangaben kochen.
- ○ Die Zucchini kleinschneiden und 3 Minuten in der heißen Brühe garen. Die Erbsen hinzugeben und weitere 2 Minuten garen.
- ○ Den Schnittlauch fein hacken.
- ○ Die Nudeln auf 4 Schalen verteilen und die sehr heiße Brühe mit den Zucchini und den Erbsen darübergießen. Mit Schnittlauch und Scheiben der Limette garnieren.

Veggie-Bobun

Reisnudeln
150 g

Gurke
× ½

Minze
× 8 Stiele

geröstete und gesalzene Erdnüsse
2 Esslöffel

Sweet Chili-Sauce
8 Esslöffel

Gemüsefrühlingsröllchen
× 8 bis 12

In 10 Minuten vorbereitet

5 Minuten Kochzeit

Für 4 Personen

- Die Nudeln in kochendem Wasser 5 Minuten einweichen. Abgießen.
- Die Gurke fein schneiden. Die Frühlingsröllchen 12 Minuten bei 180 °C im Ofen erhitzen.
- Die Nudeln in Schalen verteilen, mit ein wenig Sauce würzen.
- Die Schalen mit der Gurke, der Minze, den grob gehackten Erdnüssen, den geviertelten Frühlingsröllchen und der restlichen Sauce garnieren.

61

Vegetarisches Donburi

In 15 Minuten vorbereitet

20 Minuten Kochzeit

Für 4 Personen

Basmatireis
320 g

geräucherter Tofu
250 g

Teriyaki-Sauce
4 Esslöffel

Lauch
× 2 Stangen

Karotten
× 2

Olivenöl
2 Esslöffel

- Den Lauch fein schneiden und in 1 Esslöffel Öl 10 Minuten bei schwacher Hitze anbraten.
- Den Reis nach den Packungsangaben kochen.
- Den Tofu in Scheiben schneiden und in einem Esslöffel Öl anbraten. Die Karotten reiben.
- Den Reis in Schalen verteilen und mit dem Tofu, dem Lauch, der Karotte und der Sauce servieren.

Süßkartoffeln mit Sauce

Süßkartoffeln
× 2

Olivenöl
2 Esslöffel

Joghurt
200 g

Tahina
2 Teelöffel

Zitrone
× 1

Kerbel
× 6 Stiele

In 10 Minuten vorbereitet

45 Minuten Kochzeit

Für 4 Personen

- Den Ofen auf 190 °C vorheizen. Die Süßkartoffeln waschen, trocknen, mit einem Esslöffel Öl bestreichen und in Alufolie einwickeln. Etwa 45 Minuten garen, bis sie weich sind.
- Den Joghurt mit der Tahina, dem Öl, den Zesten und dem Saft der Zitrone, dem gehackten Kerbel, Salz und Pfeffer vermischen.
- Die Süßkartoffeln und die Sauce als Beilage zu einem vegetarischen Essen servieren.

Blumenkohl mit Sauce

mittlerer Blumenkohl
x 1

Joghurt
200 g

Koriander
2 Teelöffel

Mandeln
2 Esslöffel

Olivenöl
3 Esslöffel

Zitrone
× 1

In 10 Minuten vorbereitet

45 Minuten Kochzeit

Für 4 Personen

- Den Ofen auf 190 °C vorheizen. Den Blumenkohl vierteln. 2 Esslöffel Öl darübergießen und mit dem zerstoßenen Koriander bestreuen. Etwa 40 Minuten in den Ofen geben, bis er weich ist.
- Den Joghurt, das Öl, die gehackten Mandeln, Zesten und Saft der Zitrone mischen.
- Den Blumenkohl und die Sauce als Beilage zu einem vegetarischen Essen servieren.

Kartoffel-Soufflé

In 15 Minuten vorbereitet

1 Stunde 10 Minuten Kochzeit

Für 4 Personen

große Kartoffeln
× 4

Eier
× 2

Comté
200 g

Muskatnuss
1 große Prise

Butter
60 g

glatte Petersilie
× 10 Stiele

- Den Ofen auf 190 °C vorheizen. Die Kartoffeln waschen und auf einem Blech etwa 45 Minuten in den Ofen geben. Sie müssen weich werden. Die Füllung der Kartoffeln mit einem Löffel herausheben.
- Das Eiweiß mit einer Prise Salz steifschlagen.
- Das Eigelb mit der Kartoffelfüllung vermischen, 3/4 des Käses, die Muskatnuss und die gehackte Petersilie hinzugeben. Salzen, pfeffern. Das Eiweiß unterheben.
- Die leeren Kartoffeln mit der Farce füllen und mit dem restlichen Käse bestreuen. Zum Gratinieren 10 Minuten in den Ofen geben.

Reis mit Tomate

In 15 Minuten vorbereitet

30 Minuten Kochzeit

Für 4 Personen

brauner Reis
250 g

Tomaten
× 8

Olivenöl
4 Esslöffel

Zwiebel
× 1

Thymian
× 2 Stiele

Knoblauch
× 1 Zehe

- Den Ofen auf 200 °C vorheizen. Die Tomaten schälen, halbieren und in einen Bräter legen. 3 Esslöffel Öl darübergießen, würzen, mit Thymian bestreuen und Knoblauchscheiben darauflegen. 30 Minuten rösten. Vermischen.
- Die gehackte Zwiebel 5 Minuten in dem restlichen Öl anschwitzen. Den Reis hinzugeben, umrühren und mit der 1,5-fachen Menge Salzwasser bedecken. 12 Minuten bei geschlossenem Deckel und schwacher Hitze garen.
- Mit der Tomatensauce servieren.

Getreide mit Spinat

Getreidemischung
250 g

Ras-el-hanout
2 Teelöffel

Blattspinat
200 g

Ingwer
1 cm

Zwiebel
× 1

Olivenöl
2 Esslöffel

In 15 Minuten vorbereitet

15 Minuten Kochzeit

Für 4 Personen

- Die Zwiebel fein schneiden. 5 Minuten bei mittlerer Hitze in Öl anschwitzen.
- Den geraspelten Ingwer hinzugeben, dann das Ras-el-hanout, vermischen.
- Das Getreide hinzugeben, vermengen und die 1,5-fache Menge kochendes Salzwasser hinzugeben. Etwa 10 Minuten bei geschlossenem Deckel und schwacher Hitze garen.
- Den Spinat hinzugeben, gut umrühren. Als Beilage servieren.

Weiße Sauce mit Gurke

In 5 Minuten vorbereitet

Ohne Kochen

Für 4 Personen

griechischer Joghurt
250 g

Zitrone
× 1

Tahina
2 Teelöffel

Olivenöl
2 Teelöffel

Gurke
× ½

Knoblauch
× 1 Zehe

- Die Gurke waschen und fein schneiden oder raspeln, dabei den mittleren Teil mit den Kernen nicht verwenden.
- Den Joghurt, den geriebenen oder gepressten Knoblauch, die Tahina, das Öl, etwas Zitronensaft und Zesten, die Gurke, Salz und Pfeffer vermischen.
- Mit Frikadellen, Hackbraten oder Pasteten servieren.

68

Frische Chutney-Sauce

In 5 Minuten vorbereitet

Ohne Kochen

Für 4 Personen

Koriander
× 1 Bund

geraspelte Kokosnuss
1 Esslöffel

Ingwer
1 cm

Zucker
1 Teelöffel

Joghurt
150 g

Kokosmilch
2 Esslöffel

- ○ Den Ingwer fein reiben. Den Koriander zupfen.
- ○ Alle Zutraten mit Salz und Pfeffer vermischen.
- ○ Mit Pasteten, Hackbraten, Frikadellen oder auch mit Brühe und Nudeln servieren.

Was macht man womit?

Die Originalausgabe erschien 2017 unter dem Titel: *Presque végétarien*

Postbus 72, 5330 AB Kerkdriel, Niederlande

Produktion der deutschsprachigen Ausgabe:
Tanja Timmerman vertaling & redactie
Übersetzung: Judith Muhr
Satz: -Lein | redactie & vormgeving

Printed in Slovenia

ISBN: 978-94-6359-225-3